OYUN TEORISI

Stratejik düşünme sanatı

OYUN TEORISI

Stratejik düşünme sanatı

tarafından yazılmıştır Jean Blaise Mimbang
tarafından çevrildi Baris Şahin

50MINUTES.com

OYUN TEORİSİ

ANAHTAR BİLGİLER

- **İsimler:** Oyun teorisi, stratejik davranış teorisi, etkileşimli karar teorisi.

- **Kullanım alanları:** Bir grup içinde işbirliğini sürdürmek için sosyal yasaların ve normların gerekçelendirilmesi; siyasi karar alma; müzakerelerde güç ilişkilerini anlama; çatışma analizi aracı; bir grup içinde güven oluşturma aracı; mantık ve küme teorisindeki uygulamalar; ekonomi, biyoloji, bilgisayar bilimi ve evrim teorisindeki uygulamalar.

- **Etkili olmasının nedenleri:** Oyun teorisi müzakereler için mükemmel bir araçtır, çünkü bizi sosyal etkileşimlerin karmaşıklığı üzerine düşünmeye teşvik eder ve şunu gösterir:

  - bireyler, şirketler ve ülkeler karşılıklı olarak birbirine bağımlıdır;

  - etkileşim, ortak sorunların çözülmesi için faydalıdır;

  - işbirliğinin uygulanması kolay değildir;

  - Her bireyin kendi çıkarına göre hareket ettiği bazı durumlarda, ortak çıkara ulaşılamayabilir;

  - Bir işbirliği durumunda stratejik seçimler yapmanın çeşitli yolları vardır.

- **Anahtar kelimeler:**
  - <u>Etkileşim:</u> bir oyuncunun bir eylem gerçekleştirdiği veya başka bir oyuncudan etkilenen bir karar verdiği toplu eylem.
  - <u>Strateji:</u> bir oyuncunun oynaması gereken herhangi bir durumdaki davranışının tam bir spesifikasyonu.

GİRİŞ

Her gün, tüm aktörler (hayvanlar, gerçek ve tüzel kişiler veya politikacılar, tüketiciler, işverenler ve üreticiler dahil olmak üzere ekonomik aktörler) ve topluluklar (spor takımları, ülkeler, ordular, vb.) karar verirken birbirleriyle etkileşime girerler. Bu etkileşimler işbirliğinden çatışmaya kadar uzanabilir.

Oyun teorisi alanı çok geniştir ve uygulamaları uluslararası ilişkiler, ekonomi, siyaset bilimi, felsefe ve tarih gibi çok çeşitli alanlarda bulunabilir. Bu teori, strateji oyunları biçimindeki davranışları (ekonomik, sosyal vb.) analiz etmek için araçlar geliştirir.

Tarih

Strateji oyunlarına ilişkin ilk analizler Rönesans'a kadar uzanmaktadır. Ancak, 19. ve 20. yüzyıllara kadar konuyla ilgili bir teori gerçekten resmileştirilmemiştir. Bu dönemin oyun teorisyenleri arasında özellikle matematikçiler ve ekonomistler Antoine Augustin Cournot, Émile Borel, John von Neumann, Oskar Morgenstern ve John

Forbes Nash yer almaktadır ve bu isimlerin katkıları bir sonraki bölümde daha ayrıntılı olarak incelenecektir.

 ## BİLMEKTE FAYDA VAR: RÖNESANS

Bu, Orta Çağ'ın sonlarından erken modern döneme kadar uzanan bir Avrupa hareketiydi. Edebi, sanatsal ve bilimsel alanlardaki zihniyet değişimi ve bilginin akademisyenler arasında dolaşımı ile karakterize edilmiştir. Rönesans İtalya'da başlamış ve 16. yüzyıldan itibaren tüm Avrupa'ya yayılmıştır.

Modelin tanımı

Oyun teorisi, açıkça tanımlanmış bir çerçevede, kendi benzersiz hedeflerini takip eden rasyonel ajanlar (oyuncular) arasındaki stratejik etkileşimin sonuçlarını inceler. Bu etkileşimler arasında müzakere, rekabet, karşılıklı yardımlaşma ve bir mal veya hizmetin sağlanması yer alır ve bunların hepsi bir sonuca yol açacak olası eylemlerdir. Sonuç, oyunda yer alan her bir birey için olumlu veya olumsuz bir getiri ile sonuçlanır.

Bu teorinin amacı, bireylerin, şirketlerin ve hatta ülkelerin karşılıklı olarak birbirlerine bağımlı olduklarını ve etkileşimlerini herkes için faydalı hale getirmek için bir denge bulmanın kendi çıkarlarına olduğunu göstermektir. Bu teori aynı zamanda bizi, işbirliği kolay olmasa bile onu anlamanın onunla savaşmaktan daha iyi olduğunu fark etmeye teşvik eder.

TEORİ

OYUN TEORİSİ VE FİLOZOFLARI

Oyun teorisinin başlangıcı, tam anlamıyla, 19. yüzyılın ilk yarısındaki matematikçilerin çalışmalarında bulunur.

Antoine Augustin Cournot

Ekonomik aktörler arasındaki etkileşimlerin stratejik yönlerini inceleyen ilk kişi Antoine Augustin Cournot'dur (Fransız matematikçi, filozof ve ekonomist, 1801-1877). 1838 tarihli kitabı *Researches into the Mathematical Principles of the Theory of Wealth*, daha sonra 1950'lerde geliştirilen oyun teorisinin başlangıcını içerir. Düopollerde (iki rakip satıcının olduğu bir piyasa) ve ilk formülasyonlarını verdiği Nash dengesi (üreticiler arasında) özel bağlamında farklı rekabet biçimlerini analiz eder.

BİLMEKTE FAYDA VAR: *ZENGİNLİK TEORİSİNİN MATEMATİKSEL İLKELERİ ÜZERİNE ARAŞTIRMALAR, 1838*

İlk yayınlandığında tamamen göz ardı edilen bu kitap, 1950 yılında John Forbes Nash'in (Amerikalı ekonomist ve matematikçi, 1928-2015) tekrarlanan oyun teorisi üzerine yaptığı çalışmalarla bilinmezlikten çıkmıştır.

Günümüzde Cournot rekabeti, endüstriyel ekonomide eksik rekabet analizine dayanan bir modeldir.

Francis Ysidro Edgeworth

Cournot iki üretici şirket arasındaki stratejik etkileşimleri analiz ederken, Anglo-İrlandalı ekonomist ve avukat Francis Ysidro Edgeworth (1845-1926) bu mantığı genişletmiş ve modeli üretimsiz ekonomilere uygulamıştır. *Matematiksel Fizik'te: An Essay on the Application of Mathematics to the Moral Sciences* (1881) adlı kitabında, üretken olmayan iki ekonomik aktör arasındaki etkileşimleri temsil edecek bir araç geliştirdi: Edgeworth kutusu. Bu kitap, matematiğin ekonomiye girişine damgasını vurmuştur.

 **BİLMEKTE FAYDA VAR: EDGEWORTH KUTUSU**

Bu kutu, kullanıcıların hem kaynakları iki kuruluş arasında tahsis etme olasılıklarını analiz etmelerine hem de bu tahsisin Pareto optimalitesine göre ideal olup olmadığını, yani bir ajanın durumunu diğerininkine zarar vermeden iyileştirmenin mümkün olup olmadığını görmelerine olanak tanır.

Ernst Friedrich Ferdinand Zermelo

Modern oyun teorisi literatürü, oyun teorisinin ilk resmi teoreminin 1913 yılında Ernst Friedrich Ferdinand Zermelo (Alman matematikçi, 1871-1953) tarafından üretildiğini tamamen kabul etmektedir. Bu teorem birçok yazar tarafından ele alınmış ve farklı şekillerde yorumlanmıştır. Mas Colell ve arkadaşlarının 1995 tarihli versiyonu temel olarak, herhangi bir mükemmel bilgi (her oyuncu diğer tüm oyuncuların tüm stratejilerini ve kazanç fonksiyonlarını bilir) sabit oyununda (tur sayısının önceden bilindiği), daha sonra Nash dengesi olarak bilinecek bir denge olduğunu belirtir.

Nash dengesi saf stratejilerden – bir oyuncunun oynama olasılığı olan her seferinde seçeceği bilinen eylem dizilerinden – oluşur ve geriye doğru tümevarımla elde edilir. Bu, oyuncuların oyunun son turundaki optimal stratejilerinin belirlenmesini içerir. Başka bir deyişle, oyunun son turundan ilk turuna kadar geriye doğru çalışarak, oyunun her aşamasında oyuncuların en iyi stratejilerini belirleyerek akıl yürütürüz. Bu kavram daha sonra gösterilecektir.

Émile Borel

Önceki katkıların tümü basit oyunların (yani saf stratejilere sahip olanların) çözülmesine izin verirken, Fransız matematikçi Émile Borel'in (1871-1956) katkısı 1921'den itibaren oyun teorisi için bir dönüm noktası olmuştur. Yazar, *Treaty of the Calculation of Probabilities and its Applications* (1924-1934) adlı kitabının IV. cildinde şans oyunlarındaki olasılıkları tanıtmakta ve bir oyuncu için kazancın diğeri için kayıp anlamına geldiği sıfır toplamlı oyunlar için minimaks teoremini önermektedir. Yazar aynı kitapta iki farklı şans oyunu kategorisi arasında da ayrım yapmaktadır:

- Birincisi, oyuncunun kişiliğinin ve beceri seviyesinin bir rol oynamadığı oyunları içerir.

- İkincisi, hem şansın hem de oyuncunun becerilerinin etkili olduğu oyunlara karşılık gelir. Bu kategorinin ekonomik olgularla benzerlikleri vardır.

 **BILMEKTE FAYDA VAR: MINIMAX TEOREMI VEYA IKI OYUNCULU OYUN TEORISININ TEMEL TEOREMI**

Bu teorem 1921 yılında Émile Borel tarafından ana hatlarıyla ortaya konmuş, ancak ilk tam kanıt birkaç yıl sonra (1928) Amerikalı matematikçi John von Neumann tarafından üretilmiştir. Borel, mükemmel bilgiye sahip, belirli sayıda saf stratejiye sahip ve sıfır toplamlı (bir kişinin kazancı diğer kişinin kaybıdır) iki oyuncu arasındaki işbirlikçi olmayan bir oyunda (oyuncular için mevcut olan tüm stratejik seçeneklerin belirlendiği bir oyun), en azından hiçbir oyuncunun karma stratejisinden (bir oyuncunun saf stratejilerinin olasılık dağılımı) sapma teşviki olmadığı bir denge olduğunu belirtmiştir.

Bu teorem, rekabetçi bir ortamda (sıfır toplamlı bir oyun) eşzamanlı kararlar almak için rasyonel bir yöntem sağladığı için oyun teorisinde çok önemlidir.

John von Neumann ve Oskar Morgenstern

Oyun teorisi, 1944 yılında Amerikalı matematikçi John von Neumann (1903-1957) ve Alman ekonomist Oskar Morgenstern'in (1902-1977) itici gücüyle tam teşekküllü bir disiplin olarak ortaya çıkmıştır. Birlikte, bu disiplinin özellikle insan davranışı açısından etkileyici bir şekilde gelişmesine katkıda bulunan *Theory of Games and Economic Behavior* kitabını yazdılar. Bu kitapta yazarlar, sıfır toplamlı bir oyunun özel durumu için bir denge çözümü önerdiler. Örneğin satranç, iki oyuncunun yer aldığı ve bir oyuncunun kazancının diğerinin kaybına karşılık geldiği ayırt edici özelliğe sahip bir oyundur.

John Forbes Nash ve halefleri

Amerikalı ekonomist ve matematikçi John Forbes Nash'in çalışmaları 1950'de oyun teorisinin temelini güçlendirdi. Sıfır toplamlı olmayan oyunlar için bir denge çözümü ortaya koydu. Bunu başarmak için fikirlerini Cournot'nun 1838 tarihli çalışmasına dayandırdı ve değişken toplamlı oyunlar için işbirlikçi olmayan bir denge teorisi geliştirdi. Bu teori, 1944 yılında von Neumann ve Morgenstern tarafından ortaya konan çözümü genelleştirmiştir.

1965 yılında Alman iktisatçı Reinhard Selten (1930-2016), subgame perfect equilibrium kavramını ortaya atarak bu alana katkıda bulunmuştur.

Benzer şekilde, Macar asıllı Amerikalı ekonomist John Charles Harsanyi (1920-2000), Bayesian oyunları olarak bilinen eksik bilgi oyunlarına ilişkin ayrıntılı analiziyle oyun teorisine önemli bir katkıda bulunmuştur. Ayrıca 1967'de yayınladığı uzun bir makale ile Nash dengesi gibi çok teorik bir kavramı popüler hale getirmiştir.

Son olarak, Kanadalı matematikçi Donald Bruce Gillies (1928-1975) Edgeworth Kutusunu başlangıç noktası olarak alarak genel dengeyi sistematik hale getirmiştir.

BILDIĞIM IYI OLDU: NASH DENGESI

Nash dengesi, hiçbir oyuncunun diğer oyuncunun stratejisini dikkate alarak kendi stratejisini değiştirmekle ilgilenmediği bir denge durumudur.

1970'ler ve 1980'lerden bu yana, oyun teorisi matematik alanında önemli bir gelişme göstermiştir. Yukarıda da belirtildiği gibi, bir dizi sosyal, tıbbi, politik ve ekonomik soruna da uygulanabilmesine rağmen, artık hem ekonominin hem de matematiğin bir dalıdır.

Bu disiplinin öneminin bir kanıtı olarak, son yıllarda birçok oyun teorisyeni Ekonomi Bilimleri alanında Nobel Anma Ödülü'ne layık görülmüştür:

- John Charles Harsanyi, John Forbes Nash ve Reinhard Selten 1994 yılında;

- Amerikalı ekonomist Thomas Schelling (1921-2016) ve İsrailli ekonomist Robert Aumann (1930 doğumlu) 2005 yılında;

- Amerikalı ekonomistler Lloyd Shapley (1923-2016) ve Alvin E. Roth (1951 doğumlu) 2012 yılında.

OYUN TEORİSİNİN SUNUMU

Oyun teorisini destekleyen hipotezler aşağıdaki gibidir:

- Aracıların (oyuncuların) kendileri için mümkün olan en iyi çözüme ulaşmalarını sağlayan rasyonellikleri, fayda olarak bilinen şeyle ölçülür;

- her oyuncu diğer tüm oyuncuların tüm stratejilerini ve kazanç fonksiyonlarını bilir (tam bilgi);

- Tüm katılımcılar, diğerlerinin de aynı şeyi yaptığını bilerek, faydalarını (bireyler söz konusu olduğunda) veya karlarını (işletmeler söz konusu olduğunda) en üst düzeye çıkarmak amacıyla kendileri için en iyi kararları alırlar;

- Geçmişte yapılan seçimler tüm katılımcılar tarafından bilinmektedir.

Oyun formaliteleri

Bir strateji oyunu, oyun kurallarını belirleyen bir dizi oyun kuralı ile karakterize edilir:

- Oyuncular.

- Stratejiler (eylemler veya kararlar).

- Kararların sırası (oyun ilerlemesi).

- Oyuncuların kazançları veya faydaları (stratejilerine bağlı olarak). Fayda, maddi, parasal veya diğer getirilerin bir ölçüsü değil, oyuncu memnuniyetinin öznel bir ölçüsüdür.

- Oyuncular için mevcut olan bilgi. Bu bilgi tam (mükemmel) veya eksik (kusurlu) olabilir.

Oyun türleri

Birçok oyun türü vardır:

- sıfır toplamlı oyunlar veya kesinlikle rekabetçi sıfır toplamlı olmayan oyunlar;

- eşzamanlı kararlar veya sıralı kararlar içeren oyunlar;

- işbirlikçi veya işbirlikçi olmayan oyunlar;

- iki oyunculu oyunlar veya ikiden fazla oyunculu oyunlar;

- mükemmel bilgi oyunları veya eksik bilgi oyunları;

- statik oyunlar (bir tur), sabit oyunlar (birkaç tur) veya sonsuz oyunlar.

Strateji türleri

- <u>Saf strateji</u>: bir oyuncunun her oynadığında seçeceği bilinen bir dizi eylem.

- <u>Karma strateji</u>: bir oyuncunun saf stratejilerinin olasılık dağılımı.

- <u>Zayıf baskın strateji</u>: X stratejisi, Y oyuncusu için daha düşük veya eşit bir getiri sunan başka bir X' stratejisi varsa, Y oyuncusu için zayıf baskındır.

- <u>Zayıf baskın strateji</u>: X stratejisi, Y oyuncusu için daha yüksek veya eşit bir kazanç sunan başka bir X' stratejisi varsa, Y oyuncusu için zayıf baskındır.

- <u>Kesinlikle baskın strateji</u>: X stratejisi, Y oyuncusu için kesinlikle daha yüksek bir getiri sunan başka bir X' stratejisi yoksa, Y oyuncusu için kesinlikle baskındır.

- <u>Kesinlikle baskın strateji</u>: X stratejisi, Y oyuncusu için kesinlikle daha yüksek bir getiri sunan başka bir X' stratejisi varsa, Y oyuncusu için kesinlikle baskındır.

OYUN ÖRNEKLERİ

Aşağıdaki oyunu düşünün: iki oyuncu (oyuncu 1 ve oyuncu 2) birbirlerine karşı oynamaya karar verirler.

- Oyuncu 1 stratejileri: X ve Y.

- Oyuncu 2 stratejileri: U ve V.

- Karar sırası: oyuncu 1, sonra oyuncu 2.

- Kazançlar: Kazanç matrisi *a* ve *b* ile gösterilir; burada *a* oyuncu 1'in kazançlarını, *b ise* oyuncu 2'nin kazançlarını temsil eder.

  - Eğer oyuncu 1 X'i seçerse ve oyuncu 2 U'yu seçerse:

    - Oyuncu 1 kazancı: 4

    - Oyuncu 2 kazancı: 2

  - Eğer oyuncu 1 X'i seçerse ve oyuncu 2 V'yi seçerse:

    - Oyuncu 1 kazancı: 3

    - Oyuncu 2 getirisi: 1

  - Eğer oyuncu 1 Y'yi seçerse ve oyuncu 2 U'yu seçerse:

    - Oyuncu 1 getirisi: 2

    - Oyuncu 2'nin kazancı: 5

  - Eğer oyuncu 1 Y'yi seçerse ve oyuncu 2 V'yi seçerse:

    - Oyuncu 1 kazancı: 9

    - Oyuncu 2 getirisi: 0

Her iki oyuncunun da tam bilgiye sahip olduğu hipotezini kabul edersek, bu oyunu temsil etmenin iki olası yolu vardır:

- Kapsamlı form, sıralı karar oyunlarına daha uygundur

- Stratejik form, eşzamanlı kararlar içeren statik oyunlara daha uygundur

Her bir kapsamlı form, oyuncuların stratejilerini eş zamanlı olarak seçtikleri bir strateji oyununa karşılık gelir. Öte yandan, bir strateji oyunu birçok farklı kapsamlı forma karşılık gelebilir.

Baskın stratejilerin art arda elenmesi

Hem oyuncu 1 hem de oyuncu 2 tarafından hangi stratejilerin oynanacağını tanımlamak için, her oyuncunun baskın stratejilerini belirlememiz gerekir.

Oyuncu 2

- 1. oyuncu X'i seçerse, 2. oyuncu için en iyi seçim U'dur çünkü bu seçimle kazançları 2 olacaktır (V'yi seçerlerse 1'e kıyasla);

- 1. oyuncu Y'yi seçerse, 2. oyuncu için en iyi seçim U'dur çünkü bu seçimle kazançları 5 olacaktır (V'yi seçerlerse kazançları 0 olacaktır).

Oyuncu 2 için, U stratejisi V stratejisine kesinlikle baskındır çünkü oyuncu 2'ye her iki durumda da daha iyi bir getiri sunar.

Oyuncu 2'nin stratejisi V'yi (ne olursa olsun kaybedeceği için kesinlikle baskındır) ortadan kaldırarak oyun aşağıdaki gibi sunulabilir:

Oyuncu 1

Oyuncu 2'nin kesinlikle baskın stratejisi U'yu seçtiği göz önüne alındığında, oyuncu 1 için en iyi seçim X'tir çünkü bu seçimle kazançları 4 olacaktır (Y'yi seçerlerse 2'ye kıyasla).

Oyuncu 1 için X stratejisi baskındır çünkü daha iyi bir getiri sunar.

Oyuncu 1'in baskın stratejisini (en çok kaybettiği strateji) ortadan kaldırarak oyun aşağıdaki gibi sunulabilir:

X, U durumu Nash dengesine karşılık gelir.

Nash dengesi

Nash dengesi, diğer oyuncular tarafından seçilen stratejiler ışığında hiçbir oyuncunun stratejisini değiştirmek istemediği bir durumdur. Stratejik olarak hareket ettikleri için, her oyuncu diğer oyuncuların stratejilerine göre en iyi tepkiyi verecektir.

Nash dengesi, baskın stratejilerin yinelemeli (ardışık) olarak elenmesi yoluyla belirlenir, çünkü bu stratejiler oyuncular tarafından asla oynanmaz (rasyonellikleri nedeniyle).

Örneğimizde Nash dengesi stratejilere karşılık gelmektedir:

- Oyuncu 1 için X

- Oyuncu 2 için U.

İlgili getiriler aşağıdaki gibidir:

- oyuncu 1 getirisi: 4

- 2. oyuncunun kazancı: 2.

 ## BILMEKTE FAYDA VAR: BASKIN STRATEJILERI ORTADAN KALDIRMAK

Bir oyun, baskın stratejilerin yinelemeli olarak elenmesiyle çözülebilir ve sürecin sonunda her oyuncu için yalnızca bir strateji (benzersiz profil) kalır. Nash dengesi bu şekilde elde edilen stratejilerden oluşur.

(Kesin) baskın stratejilerin art arda elenmesiyle ulaşılan denge, bu stratejilerin elenme sırasına bağlı değildir. Öte yandan, zayıf baskın stratejilerin elenmesiyle farklı bir denge elde edilebilir. Kesin baskın stratejilerin ardışık olarak elenmesiyle elde edilen Nash dengesi, zayıf baskın stratejilerin yinelemeli olarak elenmesiyle elde edilen dengeden daha sağlamdır.

Bazı durumlarda oyun çözülemez.

Pareto optimalitesi

Saf stratejilerden oluşan bir oyunda birden fazla Nash dengesi olabilir ya da hiç olmayabilir. Bu durumda sorun, belirli bir dengenin nasıl seçileceğini bilmektir.

Pareto optimumu, A stratejisinin tüm oyuncular için kesinlikle daha iyi olması durumunda A profilinin B profiline baskın olduğunu gösterir.

 ## BILMEKTE FAYDA VAR: GÜVENLIK SEVIYESI

Bir oyuncunun stratejisinin güvenlik seviyesi, diğer oyuncuların seçimlerinden bağımsız olarak stratejinin getirebileceği minimum kazanç olarak tanımlanır. Y oyuncusunun X güvenlik seviyesi, Y oyuncusunun stratejilerinin maksimum güvenlik seviyesidir.

Örneğimizde olduğu gibi:

oyuncu 1'in X stratejisinin güvenlik seviyesi 3'tür;

oyuncu 1'in Y stratejisinin güvenlik seviyesi 2'dir;

oyuncu 2'nin U stratejisinin güvenlik seviyesi 2'dir;

oyuncu 2'nin V stratejisinin güvenlik seviyesi 0'dır.

Bu nedenle, oyuncu 1'in güvenlik seviyesi 3, oyuncu 2'ninki ise 2'dir.

Karma stratejiler

Şu ana kadar tanımlanan ve kullanılan stratejiler saf stratejilerdir (oyuncular için mevcut seçenekler).

Yukarıda açıklandığı gibi, karma strateji tüm saf stratejiler arasındaki olasılık dağılımıdır. Oyuncular stratejilerini belirli bir olasılıkla oynamayı rastgele seçerler.

Bunu göstermek için, önceki örnekteki oyunu ele alabilir ve bu kez oyuncu 1'in ½ (0,5) olasılıkla rastgele X ve Y oynadığını ve oyuncu 2'nin de aynı şeyi yaptığını varsayabiliriz.

- Karma stratejili oyunların stratejik biçimi: 1. oyuncu iki seferden birinde (0,5 veya ½) X stratejisini seçer ve iki seferden birinde (0,5 veya ½) Y stratejisini seçer. 2. oyuncu da aynısını yapar.

- Beklenen kazançlar:

  o Eğer oyuncu 2 U'yu seçerse, oyuncu 1'in beklenen kazancı (0,5 x 4) + (0,5 x 2) = 3 olur;

  o Eğer oyuncu 2 V'yi seçerse, oyuncu 1'in beklenen kazancı (0,5 x 3) + (0,5 x 9) = 6 olur;

  o Eğer oyuncu 1 X'i seçerse, oyuncu 2'nin beklenen kazancı (0,5 x 2) + (0,5 x 1) = 1,5 olur;

  o Eğer oyuncu 1 Y'yi seçerse, oyuncu 2'nin beklenen kazancı (0,5 x 5) + (0,5 x 0) = 2,5 olur.

- Karma stratejilerde Nash dengesi: Her oyuncu kazançlarını maksimize etmelerini sağlayan stratejiyi seçer. Örneğimizdeki Nash dengesinde, oyuncu 1 ½ (0,5) olasılıkla Y stratejisini, oyuncu 2 ise ½ (0,5) olasılıkla V stratejisini seçer. İki oyuncu için beklenen kazançlar oyuncu 1 için 6 ve oyuncu 2 için 2,5'tir. Nash teoremi burada görülebilir, çünkü herhangi bir strateji oyunu karma stratejiler için bir Nash dengesine sahiptir.

MAHKUMUN İKİLEMİ

Oyun teorisindeki birçok kavram, bir örnek olan mahkûmun ikilemi üzerinden incelenebilir. Mahkum ikileminin ilk versiyonu 1950 yılında RAND Corporation (ABD Hava Kuvvetleri'nin 1945 yılında kurulan Araştırma ve Geliştirme departmanı) araştırmacıları tarafından sunulmuştur. Silahlanma yarışını ve aynı zamanda nükleer silahsızlanma sürecini açıklamaya yardımcı olur.

Mahkumun ikileminin ardındaki hikaye

İki hırsız polis tarafından tutuklanır ve ayrı ayrı sorgulanır. Polis onların suçlu olduğuna ikna olmuştur, ancak uzun bir hapis cezası vermek için henüz ellerinde yeterli kanıt yoktur. Hırsızlar tutuklanmadan önce birbirlerine ihanet etmeyeceklerine dair yemin etmişlerdir. İki adamın itiraf etmesini her şeyden çok isteyen polis, konuşan kişiye, bunu yapacak tek kişi olması halinde özgürlük vaat eder. Böylece bir ikilem ortaya çıkar: Bir yandan mahkûmlar polise itiraf etmezlerse sadece küçük bir cezaya çarptırılacaklarını bilmektedirler. Öte yandan, her ikisi de bireysel olarak özgürlük kazanmak için suçu itiraf etme eğilimindedir.

Tutsak ikileminin stratejik biçimi

Bu durumda, iki oyuncu (hırsızlar) iki strateji arasında seçim yapabilir: inkar veya itiraf. Her kutu iki oyuncu için kazançları içermektedir. İlk şekil oyuncu 1'in sonucuna, ikinci şekil ise oyuncu 2'nin sonucuna karşılık gelmektedir. Geleneksel olarak, burada hapishanede geçirilecek yıl sayısı negatif olarak yazılmıştır çünkü bir fayda kaybını temsil etmektedir. Her oyuncunun amacı hapiste geçireceği yıl sayısını en aza indirmektir.

İki oyuncunun baskın stratejileri

- Eğer 2. oyuncu inkar etmeyi seçerse, 1. oyuncunun çıkarına olan, bir yıl hapis yatmamak ve böylece özgür olmak için itiraf etmektir.

- Eğer oyuncu 2 itiraf etmeyi seçerse, oyuncu 1'in çıkarına olan itiraf etmek ve inkar ederse 5 yıl yerine sadece 4 yıl hapis yatmaktır.

- Eğer oyuncu 1 inkar etmeyi seçerse, oyuncu 2'nin çıkarı bir yıl hapis yatmamak ve böylece özgür olmak için itiraf etmektir.

- Eğer oyuncu 1 itiraf etmeyi seçerse, oyuncu 2'nin de itiraf etmesi ve inkar etmesi halinde 5 yıl yerine sadece 4 yıl hapis yatması çıkarına olacaktır.

Burada 'itiraf' her iki oyuncu için de baskın bir stratejidir. Aslında, bir oyuncu ne seçerse seçsin, diğeri suç ortağını ihbar ederek her zaman daha iyi bir sonuç elde edecektir. Buna Nash dengesi denir.

Mahkum ikileminin Nash dengesi

Oyunun mantıksal çözümü (Nash dengesi) her bir oyuncunun diğerini ihbar etmesi olacaktır: bu durumda her biri dört yıl hapis cezasına çarptırılacaktır. Tersine, işbirliği yaparlarsa (her ikisi de sessiz kalırsa), her ikisi de sadece bir yıl hapis yatacaktır. Mahkumun ikilemi, işbirliğinden kaynaklanan kolektif refah ile bunu yapmamaya yönelik bireysel teşvikler arasındaki çatışmayı göstermektedir. İki oyuncudan birinin diğerinin niyetinden emin olmadığı bir durumda, kolektif çıkar inkar etmelerini tavsiye etse bile, bireysel rasyonellik adına itiraf etmeyi seçmek her ikisinin de yararınadır. Bu nedenle, bazı işbirliklerini dayatan, ancak pratikte bulunması kolay olmayan sosyal yasalara, normlara ve kurallara sahip olmanın önemi ortaya çıkmaktadır.

MODELİN SINIRLARI VE GENİŞLETİLMESİ

MODELİN SINIRLARI VE ELEŞTİRİLERİ

Oyun teorisinin sınırları ve eleştirileri çok sayıdadır ve oyun kavramı, denge kavramı ve bu teorinin olası uygulamaları ile ilgilidir.

Oyun Konsepti

Oyun teorisyenleri 'oyun' kelimesini, bireylerin (oyuncuların) bir listesini, stratejilerin ve getirilerin bir koleksiyonunu içeren herhangi bir tam modeli ifade etmek için kullanırlar. 'Oyun' terimi, eğlence için yapılan sembolik bir faaliyeti değil, bir konuyla ilgili bir dizi kısıtlamayı ifade eder.

Nash dengesi kavramı

Günlük hayatta dengeler genellikle daha önce hareket halinde olan sistemlerin ulaştığı 'dinlenme durumları' olarak algılanır. Ancak oyun teorisi 'denge' kelimesini ana kavramını, yani Nash dengesini tanımlamak için kullanır. Bu dengeye, her oyuncu diğerlerinin ne yapacağını doğru tahmin ettiği için ulaşılır. Seçimler eşzamanlı olarak yapıldığından, beklentilerin birbirini takip eden değişiklikleri ile dengeye giden bir süreç fikri bu durumda bir anlam ifade etmez. Bu nedenle, dinamizmin şu ya da bu biçimini düşünmeden 'denge' kavramını düşünmek çok zordur.

Bunu, Nash dengesinin bir öncüsü olan Cournot'nun duopol modeli yardımıyla gösterebiliriz. Bu ünlü eksik rekabet modelinde (piyasadakilerden farklı fiyatlar belirleyebilen üreticiler tarafından karakterize edilen bir piyasa yapısı), her işletme diğerinin teklifini tahmin ederek bir teklifte bulunur. Rekabet hakkında hiçbir şey bilmeyen işletme, seçimini yaptıktan sonra diğer işletmenin fikrini değiştirmeyeceğini varsayar. Cournot'nun dengesi, her işletmenin diğerinin ne yapacağını tam olarak tahmin ederek teklifini yaptığı şekildedir. Sonuç olarak, yalnızca dengeye götüren dinamikler oluşturulmamakla kalmaz, aynı zamanda şirketin diğerinin teklifiyle tesadüfen karşılaştığı belirli durumlar dışında hiçbir zaman bir denge çözümüne ulaşılamaz.

Benzer şekilde, bu eleştiri, şirketlerin fiyata dayalı stratejiler ortaya koyduğu bir başka işbirlikçi olmayan denge modeli olan Joseph Louis François Bertrand'ın (Fransız matematikçi ve ekonomist, 1822-1900) duopolüne de genişletilebilir. Özellikle, Nash dengesinin hiçbir zaman kurulmadığı açıktır çünkü iki şirket de ortalama maliyete eşit (sabit olduğu varsayılan) aynı fiyatı belirlemektedir. Bu fiyatta kârları sıfır olduğundan, maliyetin üzerinde bir fiyat teklif etmek ve dolayısıyla (sıfır yerine) kesinlikle pozitif olan bir kâr elde etme şansına %50 sahip olmak her ikisinin de çıkarınadır. Sonuç olarak, her ikisi de Nash denge çözümünü seçmez.

Nash dengesi ile ilgili sorun yaratan bir diğer nokta da, bir oyuncunun oyun başladıktan sonra stratejisini değiştiremeyeceği gerçeğidir. Bu husus da teorinin bir sınırıdır.

Oyun teorisi uygulamaları

Yukarıda özetlenen oyun teorisi tanımına dönecek olursak, bu teoriyi gerçek hayattaki durumlara uygulamak çok zordur. Gerçekten de, mahkumun ikilemi ile ilişkilendirilebilecek durum örnekleri bulmak neredeyse imkansızdır. Aslında, bireysel seçimler büyük ölçüde eğitim ve kültürden kaynaklanan değer sisteminden etkilenir. Günlük hayatta gözlemlenemedikleri için, oyun koşulları laboratuvarda yaratılır. Bu nedenle oyun teorisinin, başlangıçta kendisine uygun görünen bir bağlamda bile (etkileşim) gerçekliğe uygulanması zordur.

Son olarak, Fransız ekonomist Bernard Guerrien de dahil olmak üzere birçok kişi, genel bir kural olarak, oyun teorisinin hiçbir şeyi çözmediğini ve oyunculara sunacak hiçbir şeyi olmadığını düşünmektedir. Esas olarak, modelin tüm varsayımları belirlendiğinde, etkileşim içindeki bireysel seçimlerin yarattığı sorunlara dikkat çeker. Bu nedenle bu deneysel ekonomi aracına karşı dikkatli olunmalıdır.

UZANTILAR VE İLGİLİ MODELLER

Oyun teorisinin yukarıda bahsedilen tüm sınırlamaları ve eleştirileri, öncelikle oyuncuların işbirliği yapmadığı tek turluk bir oyuna atıfta bulunmasından kaynaklanmaktadır. Oyuncular işbirliği yaptığında ve aralarındaki etkileşimler birkaç kez tekrarlandığında ne olur?

Sezgisel olarak, işbirliği yenilenen etkileşimlerin bir sonucu olarak daha kolay ortaya çıkabilir. Buna 'tekrarlanan oyunlar' denir. Çiçekçiniz size daha ucuza aldığı daha düşük kaliteli bir buket çiçek verebilecekken neden iyi bir buket çiçek için aynı fiyatı teklif ediyor? Bunun nedeni muhtemelen gelecekte tekrar geleceğinizi ummasıdır. Dükkanına geri dönerek bir tüketici olarak işbirliği yapmış olursunuz.

Tekrarlanan oyunlar işbirliği için güçlü bir motivasyon sağlar. İlk turda işbirliği yapmak bir sonraki turda işbirliği yapmayı teşvik eder. Bu motivasyon tek turlu statik oyunlarda mevcut değildir.

İki tür tekrarlanan oyun vardır:

• Sonu kesin olarak bilinenler;

• Sonu bilinmeyenler.

Bu ayrım önemlidir, çünkü oyun teorisi açısından farklı sonuçlara yol açmaktadır.

Set oyunları

Bu tür bir oyunda önemli olan, oyuncular tarafından önceden bilinen sondur. Oyuncular daha önceki turların sonuçlarını da bilirler. Nash dengesi, geriye doğru tümevarım olarak bilinen yöntemle belirlenir.

 **BILMEKTE FAYDA VAR: GERIYE DOĞRU INDÜKSIYON**

Buradaki fikir, oyuncuların oyunun son turundaki en iyi stratejilerini belirlemektir. Buradan hareketle, oyunun son turundan ilk turuna doğru geriye doğru çalışmak mümkündür.

Daha önce özetlenen mahkum ikilemi örneğinde, oyunun belirli sayıda tekrarlanması halinde ne olacağını anlamak mümkündür.

Son turda (T), oyunun sona erdiği göz önüne alındığında, bireysel rasyonellik açısından her oyuncu için en iyi strateji itiraf etmektir (statik bir oyunda olduğu gibi aynı sonuç). Dolayısıyla Nash dengesi kurulmuştur (itiraf et, itiraf et).

T-1 turunda (sondan bir önceki tur), işbirliği yapmak hala oyuncuların çıkarınadır çünkü başka bir tur daha olduğunu bilirler. Ancak, burada işbirliğinin mümkün olmadığını biliyoruz. Bu nedenle, T-1 turunda da işbirliği yapmanın bir avantajı yoktur ve yine Nash dengesini buluruz (itiraf et, itiraf et). T-1'de doğru olan T-2'de de doğrudur ve bu ilk tura kadar böyle devam eder. Geriye doğru tümevarım yoluyla, her aşamada oyuncuların 'itiraf et' stratejisini tercih edeceğini göstermek mümkündür. Bu sonuç, oyuncuların ne olacağını tahmin etmeleri ile açıklanabilir.

Sonsuz oyunlar

İki tür sonsuz oyun vardır:

- Tarafların sonsuza kadar oynamaya devam ettiği (zaman içinde sınırsız) olanlar;
- daha gerçekçi olarak, oyunun beklenmedik bir şekilde (rastgele) durduğu yerler.

Küme oyunlarında, geriye doğru tümevarım yoluyla Nash dengesini belirlemek mümkündür, çünkü oyuncuların T turundaki seçimlerini tahmin etmek yeterlidir. Sonsuz bir oyunda, bu akıl yürütme artık geçerli değildir, çünkü birçok olası strateji ve dolayısıyla çok sayıda denge vardır.

Oyun teorisinin bilinmeye değer ancak karmaşıklığı nedeniyle burada göstermeyeceğimiz temel bir sonucu şudur: eğer aktörler yeterince sabırlıysa, karşılıklı işbirliği aşamalarını içeren stratejiler Nash dengeleridir.

Oyun teorisindeki bu temel sonucu, sonsuz sayıda tekrarlanan mahkum ikilemi ışığında anlamaya çalışabiliriz.

Denge durumunda üç strateji çifti mümkündür:

- Oyuncu 1 ve oyuncu 2 her zaman itirafı seçer. Önceki bölümlerde gözlemlenen bulgular ışığında, bu dengenin sınırlı bir değere sahip olduğunu biliyoruz;

- İki oyuncu inkar etmeyi kabul eder. Oyunculardan biri anlaşmadan saptığı anda, diğeri her zaman itiraf etmeyi seçerek karşılık verir;

- 'Göze göz, dişe diş' anlaşmasına göre, bir oyuncunun itirafı, aynı zararı vermek için gereken sayıda itirafta bulunan diğeri tarafından cezalandırılır (yıllarca hapis). Bu nedenle, eğer oyuncu 1 itiraf ederse, oyuncu 2 de itiraf etmeyi seçecek ve böylece özgürlükten yararlanmalarına izin vermeyecektir.

En inandırıcı ve herkes için en faydalı görünen anlaşma 'göze göz, dişe diş' anlaşmasıdır. Bu sonuç, cezayı veren kişiden bağımsız olarak geçerlidir. Bu şekilde, içsel, ilahi veya dünyevi adalet inancı, rakibin tehdidi ile aynı şekilde bir koordinasyon ve istikrar faktörü olabilir. Her iki oyuncunun da rasyonel olması halinde anlaşmadan sapmayacaklarını ve sonuç olarak cezanın uygulanmayacağını belirtmek ilginçtir.

KAVRAMIN UYGULAMALARI: SİYASİ SPEKTRUM

Bir ülkede siyasi görüşlerin aşırı soldan aşırı sağa doğru bir eksende eşit olarak dağıldığını ve iki partinin (A ve B) mümkün olduğunca çok oy alabilmek için seçimlerde kendilerini siyasi olarak konumlandırmaları gerektiğini varsayalım.

Son olarak, partilerin birbiri ardına siyasi arenaya girdiğini ve seçmenlerin kendi kaygılarına en yakın partiye oy verdiğini varsayalım.

VAKA 1

Eğer birinci parti (A) solda konumlanmışsa, ikinci parti (B) de kendisini solda, ancak birinci partinin biraz sağında konumlandıracaktır, böylece merkez sol, merkez ve sağdan bazı seçmenleri toplayabilir ve böylece seçimleri kazanabilir.

İkinci parti (B) sağındaki seçmenlerin oylarının yanı sıra solundaki birinci parti (A) ile arasındaki oyların yarısını da taşıyacaktır.

VAKA 2

Eğer birinci parti (A) kendisini sağda konumlandırırsa, seçimleri kazanmak için ikinci partinin (B) de kendisini sağda, ancak birinci partinin biraz solunda konumlandırması çıkarına olacaktır.

İlk senaryoda olduğu gibi, B partisi A partisine karşı galip gelecektir.

Dolayısıyla her iki parti de kendilerini siyasi yelpazenin merkezinde konumlandırmalıdır. Bu sonuç teorik olmaktan uzaktır, çünkü geçmişte Demokratlar ve Cumhuriyetçiler arasında ayrım yapmanın bazen zor olduğu Amerika Birleşik Devletleri'nde gözlemlenen siyasi duruma oldukça iyi bir şekilde karşılık gelmektedir.

YA BAŞKA BİR PARTİ DAHA EKLERSEK?

Şimdi iki siyasi partinin, üçüncü bir partinin (C) ülkenin siyasi yelpazesine girmeye niyetli olduğunu bildiğini varsayalım.

- Eğer ülkenin siyasi durumu 1. durumdaki gibiyse, üçüncü siyasi parti oyların neredeyse yarısını kazanmak için kendisini B partisinin biraz sağında konumlandırmalıdır.

- Eğer ülkenin siyasi durumu 2. durumdaki gibiyse, üçüncü parti oyların neredeyse yarısını kazanmak için kendisini B partisinin biraz solunda konumlandırmalıdır.

Bu iki kârsız durumdan kaçınmak için, üçüncü bir partinin arenaya gireceğini bildiklerinde, ilk iki parti kendilerini sırasıyla sağdaki seçmenlerin merkezine ve soldaki seçmenlerin merkezine yerleştirmelidir. Bunu yaparak her ikisi de seçmenlerin yarısının oyunu kazanacaktır.

Üçüncü siyasi parti bu konumlanmaya rağmen arenaya girmeye karar verirse, kendisini siyasi yelpazenin merkezinde konumlandırarak oyların dörtte birini (2/8) kazanacak, diğer iki partinin her biri ise oyların 3/8'ine sahip olacaktır.

Bu durumda, üçüncü parti siyasi arenaya girerek ne kazanıyor? Dışarıdan bakan bir gözlemci hiç şüphesiz bunu yapmakta bir çıkar olmadığını söyleyecektir. Ancak durum bundan daha nüanslıdır, çünkü bazı ülkelerde bu konumlanma iyi bir hamle olabilir. Örneğin Belçika'daki gibi bir siyasi sistemde, azınlıktaki bir parti diğer partilerle anlaşarak hükümete katılabilir.

- Şans oyunları analizlerinin başlangıcı Rönesans'a kadar uzanmaktadır. Antoine Augustin Cournot, Francis Ysidro Edgeworth, Ernst Friedrich Ferdinand Zermelo ve Émile Borel'in çalışmaları bu teorinin tanımlanmasına aktif olarak katkıda bulunmuştur.

- Disiplinin doğuşu, John Forbes Nash, John von Neumann ve Oskar Morgenstern'in kurucu metni *Theory of Games and Economic Behavior'ın* yayınlandığı 1944 yılına dayanmaktadır.

- 'Sıfır toplamlı oyunlar için denge çözümü' kavramı 1950 yılında Nash tarafından ortaya atılmış, 'alt oyunlarda mükemmel denge' ise 1965 yılında Reinhard Selten tarafından önerilmiştir. Charles Harsanyi 1967'de Nash dengesi kavramını popüler hale getirmiş ve aynı on yıl içinde Donald Bruce Gillies genel dengenin sistematikleştirilmesini önermiştir. 1970'ler ve 1980'lerden itibaren oyun teorisi büyük bir gelişme göstermiş ve bir dizi oyun teorisyeni ödüllendirilmiştir (Ekonomi Bilimlerinde Nobel Anma Ödülü).

- Müzakerelerde mükemmel bir araç olmasının yanı sıra, oyun teorisinin temel amacı bireylerin, şirketlerin ve ülkelerin karşılıklı olarak birbirine bağımlı olduğunu ve etkileşimin ortak sorunların çözümü için faydalı olduğunu göstermektir. Ayrıca, işbirliğinin uygulanmasının kolay olmadığını ve bazı durumlarda tartışmaktansa iyi geçinmenin daha iyi olduğunu gösterir.

- Oyun teorisinin kapsamı inanılmaz derecede geniştir ve özellikle siyasi yelpazede günlük olarak görülebilir.

- Oyun teorisinin sınırlamaları ve eleştirileri oyun kavramı (terminolojinin yanlış kullanımı, çünkü bu durumda eğlenceli bir etkinlikten ziyade bir soruna bağlı bir dizi kısıtlamaya atıfta bulunmak için kullanılmaktadır), Nash dengesi (dengeye götüren dinamik bir süreç olmadığı için) ve modelin uygulamaları (gerçek hayatta uygulama bulmak neredeyse imkansızdır) üzerine odaklanmaktadır.

- Oyun teorisine yöneltilen eleştiriler, teorinin kendisini oyuncuların işbirliği yapmadığı tek turlu, basit oyunlarla sınırladığı gerçeğine odaklandığından, oyun teorisyenleri modeli, oyuncuları daha istekli bir şekilde işbirliği yapmaya teşvik eden tekrarlanan oyunlara (set ve sonsuz) dayalı olarak tamamlamışlardır.

- Oyun teorisi toplum hayatının tüm yönlerine uygulanamasa da tıp, siyaset, askeri strateji ve ekonomi alanlarında faydalıdır. Bizi sosyal etkileşimlerin karmaşıklığı üzerine düşünmeye teşvik ederek olayları bir perspektife oturtmamızı sağlar.

DAHA FAZLA OKUMA

BİBLİYOGRAFYA

Archives-ouvertes web sitesi: http://hal.archives-ouvertes.fr/

Davis, M. (1974) *Introduction à la théorie des jeux.* Paris: Armand Colin.

Encyclopédie Universalis web sitesi: http://www.universalis.fr/

Friedman, J. (1990) *Ekonomiye Uygulamaları ile Oyun Teorisi.* Oxford: Oxford Üniversitesi Yayınları.

Gabszewicz, J. (1970) *Théorie du noyau et de la concurrence imparfaite.* Louvain: Recherches Économiques de Louvain. Cilt 36, s. 21-37.

Giraud, G. (2000) *La Théorie des jeux.* Paris: Flammarion.

Le Monde web sitesi: http://www.lemonde.fr/

Moulin, H. ve de Possel, R. (1979) *Fondations de la théorie des jeux.* Paris: Hermann.

Ponssard, J. -P. (1977) *Logique de la négociation et théorie des jeux.* Paris: Éditions d'Organisation.

Smith, J. M. (2002) *Evolution and the Theory of Games.* Cambridge: Cambridge Üniversitesi Yayınları.

Thisse, J. F. (2004) *Théorie des jeux : une introduction.* Louvain-la-Neuve: Université catholique de Louvain.

Tirole, J. (1985) *Concurrence imparfaite.* Paris: Economica.

Yildizoglu, M. (2011) *Introduction à la théorie des jeux. Manuel et exercices corrigés.* Paris: Dunod.

EK KAYNAKLAR

Kuhn, H. (2003) *Lectures on the Theory of Games.* Princeton: Princeton Üniversitesi Yayınları/

Sorin, S. (2002) *A First Course on Zero-Sum Repeated Games.* Berlin: Springer-Verlag.

Spaniel, W. (2011) *Oyun Teorisi 101: Tam Ders Kitabı.* CreateSpace Bağımsız Yayıncılık Platformu.

Talwalkar, P. (2014) *The Joy of Game Theory: Stratejik Düşünmeye Giriş.* CreateSpace Bağımsız Yayıncılık Platformu.

Sizden haber almak istiyoruz!
Çevrimiçi kütüphaneniz hakkında yorum bırakın
ve favori kitaplarınızı sosyal medyada paylaşın!

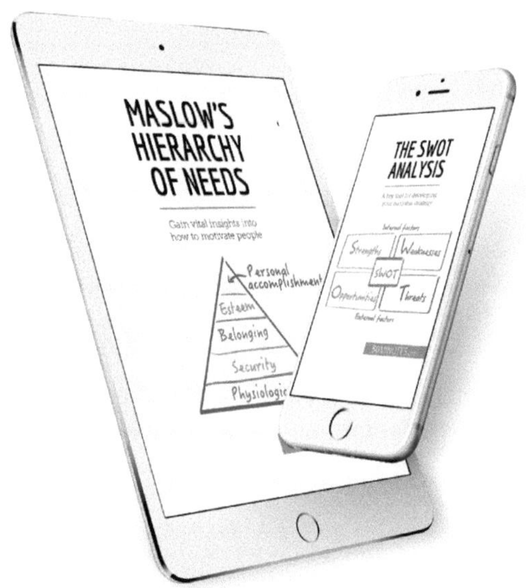

IMPROVE YOUR GENERAL KNOWLEDGE
IN THE BLINK OF AN EYE!

www.50minutes.com

Yayıncı, yayınlanan bilgilerin güvenilirliğini garanti eder,
ancak sorumluluğunu üstlenemez.

Ana ISBN: 9782808600668
Kağıt ISBN: 9782808602112
Yasal depozito: D/2022/12603/212

Dijital tasarım: Primento,
yayıncıların dijital ortağı.